오렌지 나무를 해답으로 칠게요

최지하 시집

상상인 시선 003

상상인 시선 003
오렌지 나무를 해답으로 칠게요

초판 1쇄 발행 | 2020년 1월 2일

지 은 이 | 최지하
펴 낸 곳 | 도서출판 상상인
큐레이터 | 이승희 박지웅
뉴크리에이터 | 이만섭 우남정 진혜진
등록번호 | 제572-96-00959호
등록일자 | 2019년 6월 25일
주   소 | 06620 서울시 서초구 서초대로74길 29, 904호
전화번호 | 010-7371-1871
전자우편 | ssaangin@hanmail.net

ISBN 979-11-963625-2-2 (03810)

값 10,000원

- 이 책은 전부 또는 일부 내용을 재사용하려면 반드시 저작권자와 도서출판 상상인의 동의를 받아야 합니다.
- 이 도서의 국립중앙도서관 출판시도서목록(CIP)은 서지정보유통지원시스템 홈페이지(http://seoji.nl.go.kr)와 국가자료공동목록시스템(http://www.nl.go.kr/kolisnet)에서 이용하실 수 있습니다. (CIP제어번호 : CIP2019051309)

- 이 시집은 교보문고와 연계하여 전자책으로도 발간되었습니다.
- 이 도서는 카카오톡 선물하기 (독서의계절)에서도 구입할 수 있습니다

오렌지 나무를 해답으로 칠게요

* 본문 페이지에서 한 연이 첫 번째 행에서 시작될 때에는 〈 표기를 합니다.

시인의 말

푸른색으로 벽을 칠했다

벽이 출렁거렸다

바다가 시작되고 있었다

■ 차 례

1부

개안	019
골목의 발생	020
뫼르소의 시간	022
현상	024
빛의 기록	026
또는 퍼블릭 마켓	028
이유가 있습니다	029
오답	030
잭슨 빌	032
그 여자의 인형	034
저녁의 목욕, 은밀한	036
네 시의 발문	038
낙관주의	039
흙·소·리	040

2부

포토그래피	045
롤러코스터	046
그림자놀이	047
아침의 단서	048
욕의 기울기	050
너무 많은 휴일	052
손의 깊이	054
장미해제구역	056
스티치, 스티치	058
빨강모자	059
블랙아이스	060
발이 붉은 새	062
고양이의 눈물	063
,	064

3부

감기	069
신이 버린 날짜	070
관계자 외 출입금지	072
녹턴	074
커피베리에 갔다	076
마주르카	077
발레리노	078
밤의 난간	079
메아리의 원형	080
거울에게 물어봐	081
소문의 관성	082
슬픔의 위치	084
안부	085
침대만 있는 방	086

4부

환절기	091
춘천처럼	092
고스트	093
시간의 주소	094
달을 애무하다	096
거미와 장미	097
4월들	098
네모라는, 에 대하여	100
이번이 마지막이야	102
오래된 여름	103
무지개는 뜨지 않았다	104
위험한 연속	106
봄에 쓴 일기	107
플라멩코	108
이해한다는 것	109
해설 _ 박성현(시인)	111

1부

개안

낮술에 취했다
목구멍 속으로 손을 밀어 넣어 이글거리는
기호들을 토했다
의심이 들 만큼 많은 나비들이 쏟아져 나왔다
유통기한을 넘긴 통조림같이
딱딱해져 다시는 시가 될 수 없는 언어들이
몸안에서 욱욱 거렸다

불안의 중심은 이내 조용해진다
모든 가장자리가 불온한 문장들에게 시달리고
매일 떠나고
매일 도착해도 아무 곳에도 닿지 않는
미혹을

내. 치. 려. 고. 한. 다.

골목의 발생

골목의 역사는
음란한 점집으로 가는 화살표를 따라 순환하는
낡은 손금에서 비롯되었다

그곳에 너를 두고 온 후부터 우리는 연결되었고
예의 바른 표정으로 너를 안았던 그때부터 기록되었다

수상한 전생을 미래라고 읽은 것 같다

누군가 종교를 묻고
용서가 필요하다고 일주일의 간격으로 창문을 열어둔
그 좁은 길은
행간마다 쓸모없는
명암이 생겨
몇 개의 발가락이 더 생겨나도 발설되지 않았다

결국 죽음의 배경이 될 골똘한 증상들은

통증의 질량만큼 꿰매진 자국을 불행이라 결정할 때까지
나와 가장 밀접했던 슬픔과 구분할 수 없었다

〈
돋보기 바깥의 세상에서
나를 속이기 좋은 곳으로
손톱을 모으는 계획처럼
드물게 아침이 오고
너는 조금씩 증폭되어
조마조마한 나의 낱말들을 메운다

이별이 발생한 세상으로 빠져나가는 골목을
가급적 세상과 가설 사이에 붙여 쓰기로 했다

뫼르소의 시간

틀림없다

그늘과 마주치지 않기 위해서 우편배달부는
시간과 시간이 아닌 것들 사이에서 시곗바늘은
아침과 밤이 바뀌는 계절을 기다린다

햇빛을 견디지 못하는
도시의 창문은 모두 닫혀 있다

이 도시의 왼쪽과 오른쪽은 서로 다른 하루가 지나가거나
창문 바깥의 사람들은 같은 이름을 가지고 있어
당신 아닌 사람이 없다

계단에 앉은 한 남자는 길이가 다른 계단을 접어
당신과 가장 가까운 곳으로 통로를 옮긴다
괄호 안의 먼 곳은
언제나 부재하는 당신

여자를 죽인 난폭한 꿈에서
딱 한 번 눈이 마주쳤지만
그러나 들켰던 증거는 없다

〈
개와 함께 의자에 남은 오후와
정해진 시간마다 서로를 빠져나가는 여행자만 있을 뿐

세상이 온통 두 시라면
당신은 올까?

현상

향기가 어때요?
첫사랑 이후 후각을 잃은 그녀는
차를 마시는 시간이면 그렇게 묻는다
레몬 향을 상상하세요
나는 또 그렇게 말하지만
사실은
정확한 대답인지는 알 수가 없다
우리는 수만 개 냄새와 접속해 있고
비가 그친 아침의 비누향이거나
여행지에서 돌아온 날 저녁 밀렸던 숨을 내쉬는 기분
커튼을 빨고 싶은 느긋한 오후의 색깔이나
소문처럼 무성한 삼나무 잎의 예감
버려진 여행가방 같은 절망과
삐딱한 입들에 대한 오해로 생긴 메슥거림
어느 것 하나를 선택해 비유해 보기도 하는
향기의 전부일 수는 없다

웃는 걸 들킬 때
렌즈를 빼는 거울 속의 여자가
2만 년 전의 벽화 같을 때

〈
눈치 없는 여인의
삐져나온 속곳 한 자락 같은
예측할 수 없는 냄새들이
진통제 같은 향기가 되기도 한다

손톱에 긁힌 마음 하나 슬그머니
너에게로 던져도 하나도 아프거나
미안하지 않은 날
살 냄새나는 매화나 목련의 꽃차를 마시면
한 번도 맡아본 적이 없는
첫사랑의 향기가 내게도 피어날지 모른다

빛의 기록

그림자를 따라 걷는데
나는 자꾸만 틀립니다

저기, 조금씩 어두워지는 사물들에게 더 가까이
멀어지는 목련에게로 천천히

나에게서 달아난 감정을 찾아다니는 중입니다
당신에게 닿을 때 잠시 아찔하겠지만
베란다의 세월보다 더 날카로워지는
먼 곳을 이해하는 중입니다

슬픈 자세로는
새로운 일을 하지 않는 것이 중요합니다

의중을 말하지는 않겠습니다
믿기지 않는 사이들을 견디며

높이마다 계절이 다른 절벽과 사람 사이에
포함되어 있겠습니다

반전은

누명처럼 계속되는 비가역의 날들 곳곳에서
당신을 앓는 것입니다

어서 오세요
지금부터 빛의 기록에 대해 과장하기로 해요

일련번호 1 팔꿈치가 깨진 날
피딱지 떨어진 날 일련번호 2
일련번호 3 바뀌어도 괜찮습니다

또는 퍼블릭 마켓

그렇지만 오늘은 괜찮다 오후부터 비가 내린다면 계획되었던 어제로부터 너무 먼 오늘은 우연이었겠지 지나치게 다리가 흰 여자의 장례식이 있던 날부터 나와 너의 사이는 정기적으로 기한이 지났다

침대 밑에 몸을 숨긴 여자의 가슴에서 못이 자라는 동안 참을성 있는 너에게만 비가 내렸다
그게 옳았다 새로 사 온 너의 식사가 오늘도 식지 않아서

편의점을 들어서는 골목을 바라보았다 진열대 위의 길들은 원래 있었거나 원래부터 없었거나 결국은 별이었던 곳으로 돌아가겠지
결별은 그곳에서 시작되나

입구부터 간격이 맞지 않는 기억에서만 살았던 때를 뽑아 웃는 일보다 지루하게 길을 찾는 것은 어렵지 않은 일이라고 단언하지 않기로 한 저녁에

얼굴이 텅 빈 너는
비의 반대 방향으로 걸어갔다

이유가 있습니다

결정적인 것은
증인들의 표정이 어딘지 닮아가고 있다는 것

가면을 쓰고
방언을 쓴다

서로 본 적이 없어야 한다고
머리를 쓴다

함께 이름을 돌려쓰고도
얼마나 많은 사람들이 몰라보는가
4월에 속했던 사람들은 화가 풀리지 않고
서랍에 남아 있는 예쁜 단추장식 옷들과
아직 발바닥이 따뜻한 책상과
빈 의자들이 여전히 4월이어서

수평이 맞지 않는 무릎을 꿇은 채
누군가 죽은 아침이 살아나고
모르는 사람이 태어나는 세계를
4라고 고쳐 읽는다

4월이 늘어가고 있다

오답

내일은 새처럼 날아야지

곧 괄호가 열릴 것이다
정당성 없는 문장의 맨 앞에 닫았던 괄호 안은
백 년 동안의 겹겹의 밤이어서
거울도 새장도 침대도 차갑고 어두웠다

이별을 멈춘 날은 내일도 오지 않아서
천국과 지옥으로 나누어진 식탁에 앉아
찬밥을 물에 말아먹었다

예측을 벗어난 행운이 이따금 신보다 먼저
찾아올지도 모른다고
비좁은 하루를 골라
늘어가는 병의 이름을 기도문처럼 외웠다

보이지 않는 이 세계는
단지 오해와 새가 없는 새장의 고요와
망쳐버린 문장들마저도
슬픔이나 분노에게서 생을 얻어 떠났으니까

〈
창에 비친 검은 구름이
새의 깃털일 수도 있었으나

오늘은 새처럼 흘러내려 보아야지

잭슨 빌

그곳에 도착했을 때 안개가 깊었지
검은 안개를 안고 걸었기 때문에
우리는 서로를 알아볼 수 없었지
새벽이 대리석처럼 깔려 있는
마지막 교차로까지
어두운 것이 차라리 다행이라고 생각했지

사람을 찾습니다
바람이 시끄러운 소리로 현수막을 읽어 내려갔어
한 줄의 문장으로 잊거나 잃어버린 과거를 찾을 수 있을까
필요한 만큼의 과거를 지불한 영수증을 주머니마다 넣어둔 채
우리는 각자 다른 비밀을 골라 겨울과 봄을 맞이했었지
혼잣말이 늘고

슬픈 날에만 아침이 왔지

잭슨이 오지 않는 잭슨 빌리지
우리가 가보지 못한 곳에서 온 사람들이 앉았다 가곤
벽에 남은 낙서들은 일월에도 십이월에도 번성했지

잭슨이 살지 않아서
실은 미처 하지 못한 말이 있었어

사람을 찾습니다
잭슨을 찾지 못해서
바람은 아직도 불고 있어

그 여자의 인형

날개가 돋는 꿈을 꾸며
여자는 매일 선반 위에서 잠을 잔다

꿈꾸어지지 않는 날엔
붉은 구름 어질러진 방에 앉아 하루 종일 벗은 채로
인형을 만든다

가죽을 자르고 시간을 채워 꿰맨다
여자의 시간은 오직 가죽인형 속으로만 도착한다
그럴 때마다 팔과 다리가 자꾸 생겨난다

지나간 시간들과 기다리는 시간들이
거미줄처럼 계속 늘어나
그녀의 둥근 배를 박음질하기 시작한다

그녀가 아닌 곳에서
그녀가 아닌 것들이
꿈틀꿈틀 살아나기 시작한다

어디든 보기 위해 운동화엔 나무를 심었다
창문에 귀를 매달고

사라진 코를 쓰레기통 속에서 찾아내 붙여주었으니
이젠 일어설 차례
다만 그녀의 눈동자에 마지막까지 담겨지지 않은 것이 있어
여자의 인형은 무의미하다

눈부신 눈을 달아줘야지
눈에 띄지 않게

어디선가 아이의 울음소리가 들리고
아이의 입속에 살고 있던 새들이
그녀 대신 날기 시작했다
여자는 가죽인형을 입는다
심장이 뛴다

이크!
아직 입이 없다

저녁의 목욕, 은밀한

《《정적 속에 있다 보면 숫자를 세게 되지
숫자를 세는 데는 은밀해야 하는 법칙이 있는데
소수점 뒤에서 일어나는 일들은
거론되지 않을 거라고 생각하는 이 사회적인 분위기
달콤했던 사과가 찝찔하게 느껴져 뱉어낸 순간부터
파이는 단지 원주율이지》》

달빛이 담긴 접시에 너의 몸이 찾아오고
발이 붉어진 골목길이 구두 안으로 들어온 시간
무릎을 나누는 달콤한 시작
욕조에 빠진 요정과 춤을 추고 싶을 때
갑작스런 냉기에 뜨거운 물을 뿌리는 일부터 하지
데자뷰, 언젠가도 이런 일이 있었다고
벽에다 매일 일기를 써

잊고 싶지 않아서 벽에 쓴 글을 지우지 않고
파이를 먹다가 사과가 씹히고

사과와 파이 중에 어느 것도 해독하지 못한 채
시간의 발톱이 자라 슬픔에 물어뜯기는
멈추지 않는 순환이 배꼽 위의 성벽에
이제 막 방어를 시작하는 묘혈을 파려고 들면

차가운 땅과
꿈을 꾸지 않으려는 긴 잠 속에서도
눈을 감지 못했던 세월을
주섬주섬 뼛속에 담아
소금을 핥듯 아주 어린 너를 찾아 나서는

지독한 허구에서 빠져나오고 싶었던 저녁

네 시의 발문

버스는 당도하지 않았다

길 건너편엔 귀가에 실패한 연인들이 밀려 있었다
세상의 어디쯤에 슬픔의 성분들을 안전하게 버려야 할지
공모자의 행방을 찾고 있었거나

돌아올 새벽은 남아 있었던 걸까
해빙기를 기다리는 신호등은 겨울의 표정을 수천 번이나 바꾸었지만
어떤 내용의 아침에 닿기 위해 한 번 까무러치지도 못하는 나는
잇몸에 달라붙은 입술이나 뱉고 있었다

매번 마지막 순간에 다시 하게 되는 시작은
차례가 오지 않는 건널목에서 버스를 기다리는 일

목이 길어져서야 터널을 빠져나온 시간의 한가운데
가로수들이 수직을 펼친 채 서 있는데
이제 알겠다
기다린다는 기다리고 있었다는 지난밤의
직립의 자세를

낙관주의

당신, 무얼 하고 있습니까

또 한 번 죽어볼 수 있는 밤이 온 힘을 다해 들끓고 있네
깊어지기 위한 것들은 필사적으로 밤이 되려 하네

목구멍에서 울컥 목련이 피고
들키고 싶지 않아 한 번도 말하지 않은 생각의
오른쪽을 지우네
유리창 밖에는 방관에 길들여진 사람들이 늘어서 있네

안과 밖의 간격은 문을 여는 손과 햇빛을 가리는 손바닥
의 거리
 목련이 피는 속도가 점점 빨라지네

 높은 방향을 가진 의자는 공손한 각도에서만 보게 되는
먼 곳

 모르는 사람에게 팔려나가는 꿈을 슬퍼하지는 않네
 한 평의 어둠을 함께 쓰고 있는 열 마리의 새가
 마지막 문장을 베끼고 있네

  컹컹, 마침표를 물고 서 있네

흙·소·리

그러나
네가 없는 새벽이 싫었다
나를 초과하는 나를 부축하며 무수하게 음각했던 기호들
평면을 꺼입으면 으스러질 듯 조여 오는
외로움

문을 나서면
문 안에 남겨진 나는
영원히 지워진 행이 될 것 같은 기분에
깜빡깜빡 웃었다

혼자 누워 바라보는 천장은 지독히 멀다

눈부셔보지도 못한 채 쏟아지는 햇빛에 물을 뿌리며 한철을 보냈다 이별한 적이 없어 기다릴 수 없었던 시간마다 이름을 붙여 소리 나는 대로 너를 읽었다 매일 다른 느낌이어서 불행하지는 않지만, 시간은 흐르지도 않아, 라는 문장 사이에 너의 허리를 내놓았다

너를 망칠 수는 없었어

차가움과 따뜻함 사이에 뜨거움이 있다는 걸

불 속에서 단단해진 내 손자국과 균열들이
극단의 결합이었다는 걸

모르는 사람부터 아는 사람까지
휘휘, 붉은 휘파람을 불며
너를 그리움으로 삼았던 누군가를 본떠 그토록 오래
계절을 식히고 있었다

매번 첫 번째 계절은 서정적인 너였다

2부

포토그래피

네모가 나보다 먼저 생기기 시작했다
네모는 창으로 불리기도 했으며 항상 바깥이 가득했다
바깥의 구도는 나무와, 오랫동안 대답하지 않는 사람과, 그 이후의 노인과
더 멀리 내리는 비, 그리고 그늘이 가까운 일요일만 있었다

침울한 사람과의 거리는 아주 가까웠다
11층에서 지하 주차장까지 함께 내려가는 동안 우리는 풍경으로부터 발각되지 않았으며, 비밀의 실체에 대해 생각했다

비밀이 새어나가지 못하도록, 때때로 새벽을 머리맡까지 끌어다가 그림자만 잘라 내거나, 열심히 문을 잠갔다

잉크에 젖은 또 다른 안과, 종이의 바깥으로 쏟아지려던 계획을 바꿔버리는 것, 어쨌든 네모난 술병 같은 표정을 좀 더 비뚤어지게 재연하려는 것이다

롤러코스터

가을의 카메라 속으로 들어가 낙엽이 되어줄까

피아노 건반 위를 내달려 빨랫줄에 널려볼까

달의 어깨에 걸터앉아 별에게 키스를 하고

수염이 자란 물고기의 옆구리에 자주색 리본을 달고

리본이 생기면 자주색이 아니어도 달고

흔들리는 치아들을 돌보는 요정에게는 장미 한 송이

첫 번째로 만난 갈비뼈에 구애를 하고

해 질 녘 전시회장에 들어가 "검은 상처의 나무" 아래에서

트럼프 놀이를 한바탕 펼치다가

거미와 돼지에게 바나나 우유를 먹이고

달력에서 도망쳐 나온 면식범과 숫자들을

감쪽같이 바꾸어 놓고

정원에 날아온 종이비행기가 손님을 내리기 위해

꼬리를 쳐드는 사이

둥근 해가 떴습니다

* 화가 한희원 그림

그림자놀이

그러니까
또 한 번 아침을 통과하고 있다
어제 본 그 아침을

내 의지는 저토록 단호한 현관문을 나서는 일
하지만 식탁에서 그곳까지만

옆모습만 보이는 오른쪽 방과 의자 사이에서
시간의 체형으로 스물다섯 시간을
거기서만

등을 갖지 않아서 의자는
삼백 일이 넘는 벽이 되었지

오늘의 날씨를 보다가 진통제를 잃어버려서
시간에 속해 있지 않은 나는
당분간 벽에 걸려 있기로 한 다음 생까지

여전히 아침을 통과하지 못하고
현관문을 향해 이동하는
내가 발견될 때까지
저 문은 이용자가 제한되겠습니다

아침의 단서

내일이 되어도 오지 않을지 모른다
대합실의 문이 열릴 때마다
언제나 오고 있는 사람과
언제나 오지 못하는 사람 사이가
흑백으로 읽히는 지점

그리고 아침은

서로 다른 방향으로 비껴가는 시간을 잡아두기 위해
남의 슬픔을 가져다 탕진하고 있는 불편한 세상에서
립스틱 광고보다 더 흔해서 못쓰게 된 문장처럼
가끔씩 지나치는 목적지

오늘은 이미 사용되었다

죽은 새를 내려놓고 잘못 올라탄
길의 등 위에는
발을 오므린 겨울이 남아 있다

허공이었던 곳으로
먼저 떠난 새들보다 무심한
계절의 이름은 내가 지어 불렀다

〈
봄이 와도 기억나지 않는
주소

그리고 당신

욕의 기울기

일순간 무너지고 있었다
발버둥 치고 싶지 않았지만
이별보다 먼저 배운 외로움이 중력의 원인이 되어
낙엽보다 빠르게

도무지 바닥이 없는 바닥으로
폭죽처럼

몰래 자라던 식물이 안절부절 싹을 틔우고
매일 마음이 바뀌는 애인이 어머니의 얼굴로 늙고
아이와 새들조차 여기를 배경으로 울음을 멈추고
세상의 가장자리에서 홀로 사는 세입자도 이불 밖으로 나와
끓는 가래를 여기로 뱉어냈다

맨 앞은 보이지 않는 것이 문제다
가능보다 멀리 있는 불가능이 먼저 속을 드러내는 속도가
문제이다

언제부터 여기 있었던 사람이어야 했을까
가장 낮은 공간에서 가장 긴 낙담을 떠올리는
언어들의 가로와 세로

〈
얼마간 융통한 슬픈 표정은 왼손에 들려 있고
오른손은 어느새 허락되지 않은 경계의
눈금을 넘고 있었다

여기요,
그러나 단 한 사람은 여기에 없었다

너무 많은 휴일

모두 한 번은 스쳤을 그녀를 모른다고 했다
모르는 사람이 된 그녀로부터
모두가 돌아올 것만 같았다
여름보다 많은 길이 한 곳으로만 향해 있다는 것이
매일 이상했다

목이 늘어진 오후를 천천히 돌아 오늘은 죽지 말자고
허기진 발을 씻는 동안 몇 십 년이 흘렀다

그녀는 정작 아무 곳으로도 떠나지 않은 게 분명하다
그녀에게 가장 먼 곳은 바로 그녀였으므로

누구를 이해하려는 것이 사소해졌다
누군가 있었던 자리에서 뾰족하게 살거나
옷걸이에 걸린 어깨의 각도를 견디는 것이
모든 것이 되었다

제 울음을 앓는 고양이와
밤새 기다리던 사람을 알아보지 못하는 그녀의 약점에 대해
말하지 않기로 했다

〈
열아홉 살처럼 자주 되돌아오는 저녁을

그녀는 죽기 전에 다 살 수 있을까

손의 깊이

비린내는 하얗다
칼의 지문에 가려서 알 수 없는 깊이

날마다 도마 위에서 핏줄 붉히던 날것의 계절들은
마침표가 없는 당신의 이야기가 되었다

당신에겐 없다고 믿었던 울음이 쓰이던 날
우리는 새 안경을 사고

한 줄씩
공들여 마친 당신의 그리움을
우연히 도착한 비라고 가볍게 옮겨 적었다

당신의 발자국에서 매일 커지는 발
그곳에서 바다는 시작되었는데

바다는
먼 곳만 있었다

당신의 손가락에서 규칙적으로 핀 꽃잎을
여섯 번째 불가능에 속한 순간을
가장 먼저 손에 닿는 식탁에 놓아주었다

〈
당신을 넣고 닫아버린 문장엔 한 개의 부호도 없어
비린내와 향수를 분별해 읽을 수 없었다

그물에 걸려 퍼덕거리는 바람은
당신의 두 번째 배경
펼친 우산을 십 년 후의 각도로 돌려놓고
당신이 보는 것과 다른 것만 보았다

마침내
옆모습을 씻는
우리에겐 기적처럼 비린내가 났다

바다의 첫 문장을 손질하는
당신 손의 새벽처럼

장미해제구역

누군가 올 것 같았어
대체 오지 않는 것은 누구의 아침일까

창문은 짐승처럼 높아서
난 아주 조금씩 자랐고
깨어나는 잠보다 더 높이 고개를 쳐들어도

아는 사람에게 발각되지 않았지

매일 시작되는 우연과 꿈의 사이
차례를 기다리다 엎어놓은 하루가
이윽고 거울을 빠져나왔어

이봐요 이 황홀한 불안과 나를 분리하지 말아줘요
벽의 바깥에서는 모든 의심이 동일해지는 걸

하루 어디쯤을 접었다 펴면 뒷면이 없어질까
갇혀 있어서 안이 되어버린
밤은 모르지
어둠도 뒤편이 있다는 거

두꺼운 옷을 입고 넘어지면 눈물이 나지 않는다고

언제나 두 번씩 말하게 해 슬픔은

두 번이나 나를 잃어버린 기분에게는
말을 걸지 못해서 다행이야

어제까지 읽은 저녁 한 구절이 아직도 생각나지 않아
아무래도 한꺼번에 지나온 여섯 시간을
어쩔 수 없었다고 말했기 때문일 거야

오늘 일어난 일은 태곳적부터 있던 일이지

상관없어

북쪽의 계절을 앞에 둔 계단으로
창문을 옮겨야겠어

스티치, 스티치

꽃잎이 떨어지는 시간이군요
하지 못한 인사는 지난겨울 곰곰이 적어놓았지요
대개는 첫,으로 시작하는 익명의 색깔들입니다

가만가만 걸음은 아껴 걷는 것이 좋겠어요
내 손목에서 당신의 심장까지 실을 꿰어 지나가겠습니다
사방이 유리로 된 방을 무사히 지날 수 있을지는 의문입니다
꽃잎으로 혈관이 옮겨지는 동안 짧게 걸어도 늘 무사했으니까요

당신에게 가는 길은 새 이름을 새기겠습니다

장난감을 흩트려놓는 것도 썩 괜찮은 일입니다
길고 긴 터널이 끝나는 곳에서 폭설이 시작되는지
몰라도 상관없을 테니 말입니다

돌아오는 길은
뒷모습이 보이지 않게 걷겠습니다
새벽까지
나는 차례대로 부활하겠습니다

빨강모자

저렇게 출렁거리는데
넘어지지 않고 금요일에 닿을 수 있을까

언니는 오페라를 좋아하지 않았다 붉은 벽을 헤어날 수가 없어서...라고 말했던 것 같다 언니가 사라진 어제의 아침을 이해할 순 없지만 멜로디는 내일 아침까지 지속될 것이다

언니가 놓고 간 모자를 돌려주지 않아서 나는 아무렇지 않은 표정으로 더 태어나고 싶지 않아서 아직 표시해놓지 않은 오늘 아침이 이상하도록 멜랑콜리하다

블랙아이스

물이 접힌 자리마다 무지개가 모여 있다

허공엔
허공이 없고
물 밖으로 배어 나오는
땅의 지문들과
수평으로 여문
살얼음이 그득하다

오래도록 침묵하는 곳은
가장 시끄러운 곳
뜨겁지도 않은 채 통정을 하고
성수에 가슴을 식히는 팬덤처럼

그들은 절정을 확인하지 않는다
불편한 걸음 수를 줄이기 위하여
그토록 원했던 지름길을 만든다

하다 남은 생각이 만나게 되는 어디에도
무수한 네가 없는 까닭에

〈
허리를 꺾은 채 얼어버린
수면

발이 붉은 새

벽에다 빙글빙글 다정한 비석을 걸어야지
문을 잠그고 열쇠를 강물에 던지는 엄마들을 대신해
순한 마네킹을 사랑할 거야

출렁이는 슬픔에는 축이 없지

내 목을 풀지 않는 팔베개
입술에서는 자꾸 피가 나는 걸
노을에 발이 걸린 엄마가 고래고래 소리를 지르고 있어
나를 버린 게 분명한데
엄마가 위중해
외투를 가져다줄까

축축해, 나는 말라붙은 지 오래됐는데
나는 자꾸만 들키고 싶은 거야
문고리를 잡고 참회해야겠어

그렇다면 누군가 내 문을 먼저 열기 전에
건너편에 닿을 때까지

고양이의 눈물

반드시
도착해야 하는 곳이 있다는 사실과
그곳은 늘 멀리 있다는 사실과
아무 데도 가지 않았다는 사실이

고양이를 병들게 하였고
허기를 바라보는 방식이
더욱 정교해져야만 하였다

,

여자는 작은 하늘을 받쳐 들고 마켓을 간다

식탁이 너무 높아서 식탁의 아래에 대해 생각하고 위층의 개가 슬피 우는 까닭이 무얼까 하다가 나에게 붙잡힌 그림자는 왜 나보다 클까 그림자도 젖을까 하루 종일 울리지 않는 전화를 보며 여자는 간신히 늙고 전화가 오면 어쩌지 문득 달력을 지나가는 금요일 몇 번을 지나가고도 다 지나가지 못한 금요일이면 금요일에만 모아두었던 금기의 낱말을 꺼내는 여자의 등이 둥글게 말리고 그때 바람 같은 것이 불었을까 비틀린 햇빛이 엉덩이를 밀며 여자 곁으로 다가와 밝은 낮이 계속되고 있지만 밤이 깊다고 말하는 것 같아서 그곳은 물이 흘러가는 곳일까 흘러가는 데에는 이유가 있을까 나는 그만 사랑에 **빠**질까 혼잣말을 하던 여자는 어쩌면 집에 두고 온 물이 끓는 동안

검은 줄무늬가 쏟아지는 계절을 지나 오래 마켓을 간다

3부

감기

이별의 방향을 알려주는 사람은 없었다
안락의자에 앉은 채 어제 죽은 시계는
스물네 시간 뒤에 태어날 시간을 미리 떠나보냈다
천천히 걷는 것을 슬픔이라 하지 않으려면
천천히 죽는 시계가 필요했다
가래가 끓던 창문은 창밖의 것들을 지웠다
화병의 꽃들은 벗어놓은 스타킹처럼 늘어져 있다
밖의 것들로부터 지워졌을지 모를
예감은 언제나 두려움에서 시작되었다

발이 차가운 애인을 버리고 돌아올 때
손을 잡고 길게 따라오는 정체 모를 것이 있었다

신이 버린 날짜

통조림을 먹지 않는 개와는 슬픔을 나눌 수가 없다

어제까지 날 좋아했던 여자가 오늘은
다른 남자와 잠을 자고 있다
구두를 넥타이로 닦았다
다행히 이 시간은 타인의 것이다

서른 번째 통조림을 사야 하지만
편의점을 지나쳤다

넥타이로 구두를 닦았다
눈물의 유통기한에는 비가 내렸고
알 수 없는 식욕이 찾아왔다
빨아 넌 셔츠를 걷어 다시 빨았다
해가 말라갔다

통조림을 사야 했지만 번번이 편의점을 지나쳤다
사랑한다, 사랑했다, 사랑한다, 개에게 통조림을 먹였다

날짜가 새로 생겼다

〈
아침에 태어나서 오후에 서른 살이 넘어버린
그녀는 지금 편의점에 있다

관계자 외 출입금지

미안하다는 말을
함부로 꺼내 읽어서 미안해
처음엔 당신 곁에 앉고 싶었어
오랜 밤을 지탱한 장롱의 발등처럼
시간의 청태가 끼었거나 끼어들었을 뿐
눈을 밀고 들어오는 불면의 밤을 떠돌면서 궁리했던 뒤끝
팔에 난 상처는 어젯밤 구제인형들의
심장을 끓이다가 얻은 고독이야
비상구는 왜 늘 잠겨 있지
인형의 눈으로 흘겨보면 손목시계는 자동으로 멈추었어
손목에서 흘러나온 시간들이 마구잡이로 왔다 갔다 해
그것이 내가 멀미를 하는 이유야
한 번 들어선 길에선 돌아 나오는 출구를
짐작하기 어려워하는 나에게도 문제는 있어
방문 앞엔 출입금지라고 빨간 두 줄을 그어주고 싶어
낯선 허벅지와 충돌하는 일 따위는 하고 싶지 않아
당신의 깡마른 그림자가 신경 쓰여
나를 신고 싶다면 나침반이 달린
구두를 보내줘
문을 열면 바로 돌아갈 수 있게

〈
난 맹금류의 눈일 때가 있어
처음부터 낮을 밤이라 불렀으면 좋았을까
그게 결말이라 해도
나는 사람들의 말투를 닮기 위한 입을 열지 않을 거야

녹턴

태초에 일월은 생겨나지 않았습니다

구름은 흘러내리지 않고 나무의 사월에서 반짝였습니다
심장의 높이까지 째깍거리는 오월은 자유로웠습니다
우산이 없어도 괜찮았습니다
유월의 세상은 한가로우니
손톱을 물들인 칠월에 멈추어도 괜찮다고 했습니다
맨발로 여름이 와도 기도처럼 능소화는 지지 않아서
팔월이 고이지도 않았고 웅덩이는 언제나 맑았습니다
밀린 일도 없었으며 서두를 말도 없었습니다

죽고도 죽은 척하지 않았습니다
운 좋은 구월은 아홉 살처럼 살아도 되었습니다
시월 한쪽을 잃어도 불쑥 어느 요일에건 닿았습니다
왼쪽으로만 걸어도 발은 흔해지지 않았습니다
십일월이 심해지면 아프지 않고도 미련해질 수 있어 좋았습니다

생각해보니 이월입니다
벽지 안의 꽃들이 잘 말라갑니다
햇빛이 자라는 삼월이 오면

그럴 수도 있는 일들에 대해 좀 더 감격적으로 이해할
수 있겠습니다

금방 온다던 사람이 오지 않는 버스 정류장에서
표지가 찢긴 십이월이 발견되었습니다

이건 참을 수 없는 일입니다

커피베리에 갔다

높은 테이블에 앉아
생과일주스에게 들려주어야 하는 말처럼
깔깔깔 부서지게 웃는 무리

높은 곳에 앉아 있으면
내 웃음의 위치도 남에게
달라져 보일까

언제였을지!
저렇게도 댕글 거리는
웃음이라니
솟구치는 곤줄박이들처럼
웃어 보았던 일

카드에 사인하고
코스타리카와 에티오피아를
너무 먼 곳을 주문하여 가방에 넣다 말고

한 사람에게 전화하는 동안

마주르카

불구가 되어 돌아온 애인은
모자라는 걸음의 길이를 주머니에 넣고도
넘어지지 않았다

무릎과 수평이 되는 길을 바다라 불렀다
나는 혼자 몸으로 바다를 배었다
모서리가 없어서 바다는
피아노 속으로 흘러 들어갔다

눈 밑을 씻는 수평선
발을 움직일 때마다 비늘이 돋아나는 것은
흰 대륙으로 울음을 보내는 것이다

흑건을 두드리던 손끝으로 바다가 흘러나왔다
무중력의 기억은 끝도 처음도 쓸쓸한 문장이다
무릎을 모은 바람의 읽히지 않는 음계
나는 이해되고 이해하고 싶었다

비정형의 아이들이 태어나
밀려와 모래를 토하는 혼들의 곡절을 듣고 있다
나는 너의 4분의 3박자

발레리노

내가 데리러 갈게

뛰어오를 때마다 희미해지는 발은 너의 침묵
너에게로 가는 길이 지워진다
저녁 가까이 바람이 불고
네 머릿속의 여자들 이름처럼 비가 내린다

뛰어오르는 일은 내려오기 위한 수많은 정지
목구멍에 걸려 있던 묵음이 쏟아진다
젖은 눈썹과 꽃잎의 발음이 흔들려
발코니 위의 여자와 비가 구별되지 않는다

높이를 알 수 없는
너의 점프는 물기가 가득하다
젖은 발끝을 모아 안개를 내려가면
밀린 삶으로 물방울을 안고 들어오는 슬픈 행간

넌 그냥 천천히 걸어

밤의 난간

사랑이 시작된 것은
미래로 가기 위한 난간에 기대서면서부터이다

너무 일찍 일어나 옷을 갈아입는
난감한 새벽에
희미한 여명 같았던 기대를 버리기 시작한다
간격을 견디는 것을 인내라고 부른다

화분 속에 키우고 있었던 오래된 길가에서
꽃들이 반만 웃었고
그나마 눈, 코, 입은 제각기 다른 색으로
태어났다

팔과 다리가 그새 여위어버렸다
여위는 게 사랑이라고?

낄낄, 남아 있었던 절반의 웃음을
웃기 시작하는
꽃잎의 눈꺼풀 위에
빈 의자가 하나 걸쳐져 있다

메아리의 원형

동그라미를 그리고
동그라미 안으로 벌레들을 몰아넣었다

아무도 그 일에 대해서 말하는 사람은 없었으나
태어나기도 전에 벌레들은 동그라미를 이루었다

벌레들이 태어나는 것을 보지 못한 거라는
불가능한 기분을 들킬까
헐거운 저녁을 앞질러 달렸다
꼬깃꼬깃한 내리막길은
바람을 앓는 등을 악보처럼 끊어 읽었다

엄마, 아무것도 쓰여 있지 않은 길을 이렇게 달릴 순 없어요
돌아보지 마라

돌아보는 버릇 때문에
모든 저녁을 다시 지나갔으므로

슬픔을 모두 차지한 저녁
마지막으로 세상의 가장 가벼운 쪽을 향해
목을 가누었으나

다행이다

거울에게 물어봐

바라보이는 나는 짐짓
바라보는 나를 부정할 때도 있다
하지만 거울의 눈을 통과하는 경우는 거의 없다

나도 모르게 나를 떠나려 한 적이 있었던
사춘기 여행지에서 붙들린 첫 밤의 불안처럼
나비와 똑같은 울음소리를 갖고 싶다는 생각을
거울에 비춰보기 시작할 때쯤
사방이 본래의 어둠으로 돌아가기 위해서는
울음을 내지 않는 몸이 있어야 한다는 자각이 들었다

우는 역할은 누가 할 것인가
붉은 립스틱으로 불안한 문장을 지우고 눈썹을 밀어본다
미소가 울음일지도 모르는 모나리자처럼

거울아 거울아
이 세상에서 누가 가장 많이 너를 닮았니

소문의 관성

열매가 열리는 지점보다
더 먼 집으로 돌아가는 중

삼베옷 걸친 저녁이 저무는 곳에서
지금은 구멍이 많은 살들을 봉합하는 중

여기저기 찢어 붙인 마음을 보는 일은
누군가는 해야 할 일

슬픔이 덧대어진 귀는
괜찮다는 소리만 골라 듣는다

누군가 요절한 아침이어도
그렇게 웃을 테지

견딜 사이도 없이 상처를 관통하는
유리조각

결국 측은한 모서리를 드러내는 너는
험한 입을 흘리고 다니는구나

〈
가지 하나로 버티는 바람의 목은
흔들려도 중심에 솟아 있는데

슬픔의 위치

기차역을 맴돌다 죽은 새의 눈에 바다가 섞여 있다

밤을 어떻게 보내야 할지 몰라서 캄캄한 슬리퍼를 벗어 던지고 계단을 두 개씩 지워버렸다

새가 깨어나길 기다리며 날개에 물을 준다

바다는 온몸에 새를 그려 넣고 새라고 부르기로 한 일을 잊었는지

(열두 시간 후에 다시 기차역에 나가봐야겠다)

안부

좀 더 정확히 말하자면 다시 내일을 기다려야 한다
나란히 피어 있는 아파트를 따라 어지러운 속도로 지는 꽃잎을
아름답다고 말하지 않는 것은 실은 노련해지는 일이거나

내가 지나침과 멀어짐 사이를 살고 있는 사이 세상의 끝에
주검 같은 것이 우거지고 있기 때문이다

가시가 발을 뻗는 곳으로 장미 넝쿨이 견고해지고
덤불 속으로 몸을 숨기는 담장과 경사진 어깨가 닮아서
나는 자꾸만 거기 있는 사람이기 때문이다

그래서 지금은 괜찮은 거냐고 안부를 물어보는 일은 옳다

침대만 있는 방

해가 지나가기
좋은 곳이니까

빨래처럼
걸어 놓아볼까

오후 세 시의
생각을

햇빛이 점점 길어져서 액자 속 여인의 엉덩이까지 흘러내렸는데 침대 위에는 방이 가득 누워 있기는 한데 등이 휜 여인이 네모 안에서 흘러나오기도 하는데

살인의 배역이 주어지길 바랐던 주인공은 극이 끝날 때까지 자신은 죽지 않아야 하는 구성이 맘에 들지 않았을 거야 주인공이 되고 싶은 게 아니라 안전하게 사라지고 싶었던 거야

손바닥을 펴고 잠을 자지 않는 나의 손등에 너는 누누이 평면을 제공하여 주었지 불신의 자세로 버티고 있는 침대와 무수해지기를 기다리는 일은 영원히 과거가 될 수 없어 과

거가 사라진 쪽은 지도에도 없는 슬픔

 자세히 보면 침대는 미처 헝클어지지 못한 슬픈 표정을 지니고 있어 누군가 문을 두드리면 잠든 척을 해야 할까

4부

환절기

기억은 애를 써서 수정해도 기형이다

나무에서는 죽은 사람의 별자리가 떨어졌다

울어야 할 순서가 바뀌었다

무덤을 본떠 만든 불면의 밤은 돌아눕기에도 불편하다

굳은살 박인 귀가 자란다

기다리지 않아도 된다는 다짐은

이쯤에서 기다리라 말했던 것일까

인과 없는 문장은 어디에다 쓸까

다 써버린 사랑이 다시 올 거라는

착각이었던 셈이다

춘천처럼

슬픔은 대부분 후생성이다 불가능의 저편에서 태어나는 모의 같은 그것들 맨 처음이었을지 모를 입맞춤을 무사히 치르고 온 다음 날 유리창에 피었던 춘천처럼 나를 인력(引力)하던 지루한 말들이 종이비행기를 접던 새벽 두 시 마냥 엉금엉금 지나갔다

춘천에 대하여 침묵하거나 안개처럼 두껍게 발설해도 좋았다 표정을 내다 버릴 때도 춘천을 이용하라고 일러주고 싶었지만 바라보는 쪽으로 짧아져 가는 처음으로 돌아가는 시작의 지점을 기억해 내는 사실도 어쩌면 그런 일

보살핌 없이 자랐던 이불 속의 발같이 뚜렷한 사실을 맞닥뜨려야 할 때도 춘천의 안개보다 먼저 태어난 후생이 따라와 있었다 너무 늦게 찾아온 어떤 일의 뒤에서부터 먼 주소를 향해 슬픈 비행을 시작하려는 물방울이거나 눈물의 이름이 춘천으로 불리는 동안 투명하지 않은 것을 향하여 전부를 걸어버린

이 불투명한 저녁처럼

고스트

 나는 사람들이 버린 케이크를 먹지 않기로 했다 그것은 겨우 몸을 추스른 뒤에야 해낸 결심이다 한때는 내가 나비라고 생각한 적도 있지만 어떤 소리로 울었는지 기억할 수 없는 것을 보니 나비가 아닌 것이 분명했다 늘어진 뱃살에서 비린내가 났고 몸에는 털이 자라 있었다

 어제의 새벽을 다녀온 후로 일어나 귀를 씻는 일 말고는 골목길이나 생선의 머리에 어둠을 배열하는 일 따위는 하지 않아도 되었다 사만한 그녀의 애인이 가끔 눈을 마주쳐 기분이 상했지만 벌레의 발처럼 많은 시간을 컴퓨터 앞에 앉아 있거나 욕조에 앉아 손톱의 상태를 보는 것은 기분 좋은 일이었다

 동료들과 수수께끼 놀이하는 걸 좋아했다 오렌지 껍질같아진 달 아래에서 내 방을 걸고 내기를 하기도 했으며 때로는 그녀와 한통속이 되어 키득거리는 상상도 했다 나의 귀에까지 입김이 닿는 관능적인 그녀의 오늘 저녁 요리는 무얼까 그려보기도 하다가
 오! 그녀를 사랑하느냐?

시간의 주소

죽기로 결심한 날은 언제나 어제이고
그 결심을 후회하는 오늘은 나는 주인공이 아니다

당신의 가장 가까운 곳에 나는 매일 도착하지만
더는 잊지 않기 위해 몇 번이나 당신을 잊는다

시간이 시작된 곳에서 당신은 계속되지
당신이 있는 곳에서 시간은 시작되지

텅 빈 방에 풀어놓은 이 눈물은
당신과 함께 쓰던 부장품이었지

절반이 과거인 사람과 웃는 얼굴로
기념사진을 찍는 일들에 대해

이런 일들은
한 번에 일어나지 않는다고 한 번쯤은 말했어야 했다

미안해 그래도 사랑해
방향을 바꾸며 이야기하는 동안 너무 오래 늙었다

평생을 걸려 간신히 알아낸 슬픔이란 것이
키보다 낮게 걸린 거울 때문이었고

슬픔을 모르는 당신을 위해 울고 싶어도
나는 어떻게 웃는지 모른다

달을 애무하다

자폐를 앓고 있는 저녁은 단호해요
입을 틀어막은 빈집에는 여러 개의 내가 말라 있어요
너무 추워 고드름처럼 울었지만
그는 울지 않는 것이 좋겠다고 말하지 않았어요

우리는 슬프지도 않은 채
아름답게 죽을 수는 없다는 미신을 믿게 되었나요

사람들은 음모를 즐거워하죠
관 속에 누운 내 배후의 어깨에는 꽃들이 가득 피었어요
꽃머리 말아 올린 담장 아래에서
어제보다 더 다정하게 부서져 가요

왜 내게로 왔느냐고 묻지 말아요
왔던 길을 표시해 놓았으니 더는 잔혹해지지 못할 거예요

거미와 장미

내가 아는 허공은
거미들의 욕망이 번식하는 곳
목에 화려한 그늘을 걸치고
장식을 장식하는 여인들
여자를 수집하기 위해 수시로
작성되는 남자들
입술 안에 세우는 이리의 신전

어둠을 받아 마시기 위해
외출하는 무작정의 마음들로
장미라는 이름이 채택되었다
별이 녹아 질척이는 시간에
하필 혼기가 찾아온 점멸등 아래에서
누군가의 그럴듯한 시구가 아니더라도
지겹지도 않은 채 통속해지는 단어들

거미의 몸에 신문지를 욱여넣은 오늘의 뉴스
혹은 장미의 말씀들

4월들

잠깐만요,
당신은 두꺼운 책 속에서 살고 있군요
문장의 내부에서 매일 난청에 시달리다가
결국 꿈과는 무관한 요약을 하고

화려한 건물을 껴입은 골목들이 의혹의 시간들을 감당하기 시작했을 때
테두리만 남은 방에서는 거미들의 살이 오르고
테두리 밖의 세상은 아직 어둠에서 회복 중입니다

귀가 어두워진 뒤부터 숲에 버려진 새들은 숲에서 다시 태어납니다
버려진 것들은 다시는 버려지지 않아 신성합니다

정직한 당신이 다녀간 날짜마다 달력에는 새로운 흉터가 생겼습니다
숫기 없는 시간들을 모래 틈에 숨기며 최초로 망각을 꿈꾸었습니다
당신의 품에서 서른아홉 번 죽고 싶었던 4월과 4월들은
사실은 풍경처럼 의기양양합니다

그나마 향긋한 머리카락은 남아 있습니다

그 정지는 명료한 유동입니다
그러나 당신은 순환하지 않고
푸른 잉크를 마시고도 셔츠의 단추를 채우지 않았습니다
완강한 이 도시를 떠나지 않을 작정인가요

4월에는 정말이지 듣는 일을 멈추어야겠어요

네모라는, 에 대하여

노랗게 오려 붙여진 바다 하나가
꾸깃꾸깃 출렁이다 귀퉁이부터 몸져눕기 시작한다
매상 없는 가게 주인의 하품이
파도의 거품 속으로 스밀 때마다
몸이 텅 빈 새가 날아다닐 것 같은 저녁이 태어났다
새의 안광 안으로 들어가 이제 막 돌아서기 시작하는
사람들의 등이 네모로 굽는다
네모는 형식에 불과할 수도 있지만 들여다보면
더러는 각이 진 발상으로 교묘하기도 하고
여러 가지 모양들 중에서 괴력을 발휘할 때도 있다
타인의 손과 발을 봉인하는 방식으로 네모가
소용되곤 하였다

지나간 어느 한 시절의 불빛들은
사각형의 기억을 지녔다

창문의 너머는 단애와 가까웠다
서른 개의 태양이 사각형 속으로 떴다가 지고
시트지로 감싼 자동차들이 창문에서만 달리는 일이
목격되는 날들도 있다
가끔은 꽃잎이 끓고 있는

따뜻한 방이 있다는 사실이 근거 없이 유포되기도 했지만

수신처가 의심스러워진 오후 끝으로 부치게 될
작문이 미완인 채로 끝을 맺었다
우체국을 향하기 전에 사각봉투부터 찾아야 한다

네모는 내가 버리려고 생각하기 시작한
습벽이거나 비통한 것의 이름이다

이번이 마지막이야

그 여름은 목차에도 없는 날들이었다 아이는 소용돌이치는 물의 가장 깊은 기억 속으로 미끄러져 내려가 여름을 끝내려고 했다 물은 고요하고 투명했다 감겨져가는 아이의 눈이 슬퍼서 가까이 가고 싶었다 자꾸만 신발이 벗겨져서 다가갈 수 없었다 그 아이와 나 사이의 여름은 사이렌 소리처럼 멀어져 갔다 몰래 따먹은 포도에서 설은 햇살이 씹혀 여름은 더 이상 밤이 되지 못했다 새의 발자국들이 되풀이되어도 아이는 돌아오지 않아서 계절의 끝마다 여름이 남아 있었다 포도가 익지 않아서 아직도 여름이 푸르다

오래된 여름

오래된 여름이라는 말이 잘 떠오르지 않았다
창밖을 기웃거리는 동공이 자꾸만 덜컹거렸다

무지개는 뜨지 않았다

한 시는 언제나 맨 먼저 달려온다
두 시에 장례식장 앞에 도착한 바지의 주머니에서 슬픈 표정이 걸어 나와 자신을 해명한다
세 시에 젊은 여자의 휴대전화에서 비명이 뛰쳐나와 지하철역 쪽으로 사라졌다
네 시에 지하철을 탄 아이가 환승역에서 내리자마자 어른이 되어버렸다
어른들은 이 아이를 무사고 소년으로 호명했다
다섯 시에서 여섯 시쯤은 빵들이 큐빅처럼 진열된 빵집에서 노인들이 늘어진 젖가슴을 탁자에
내려놓고 빵을 깨문다 아무도 빵빵하지 않다 빵이 웬수다
일곱 시 뉴스에서는 우리가 모여 사는 게 빵 때문만은 아니라고 다리가 긴 미모의 여자가
강변의 말을 훔쳐 와 슬며시 흘린다 티브이에 나오는 여자의 가슴은 어딘지
전체물리학적으로 볼 때 문제가 좀 있다
여덟 시에 술병들이 나타난다
아홉 시에 음주단속, 욕지거리, 금연구역, 사창가, 보도블록, 정권타도
가장 쓸 만하고 가장 쓸데없는 한 무리의 시어들이 태어난다 어깨를 걸고 바람이 출몰한다

열 시면 소등하고 싶어진다 가끔 불자동차들이 호적 소리를 흔들며 연안의 갈매기들처럼

날아갈 때도 있다

오만 칠천육백 시에 한 살 때부터 기른 고무나무 화분에 80년 묵은 페타이어 꽃이 피었다

육만 시에 이르러서야 그동안 너무 정신없이 달려왔다고 종일 해가 뜨지 않았다

누워서 처다보았으나 무지개도 안 떴다

위험한 연속

스위치를 올린 갓등처럼 한낮이 되고 싶었다

저를 이기지 못해 내리는 비가 있었다

울음소리를 받아 적으려면 너무 많은 글자들이 필요했다

타인의 체온을 이해할 수 있는 일은 존재하지 않았다

장마가 위험한 게 아니라 위험한 움직임들이 위험했다

과반수 찬성이라는 말속에서 비극이 잉태되었다

믿고 산다는 일이 부당해지기 시작했다

봄에 쓴 일기

홍매화 가지를 꺾으려 손을 뻗었을 때
공중에서 피가 나기 시작했어
그럴 리 없다고 생각했지만
언니의 가슴이 출렁거렸어
언니의 손바닥이 붉어지고 있었어
이전과 이후 사이로 봄을 옮기는 언니는
즐거운 나나처럼
꽃이 떨어진 자리마다 푸른 뱀을 걸어두었어
언니와는 조금 더 가까워지고 싶어서
재빨리 달려가 내 이름과 같은 꽃들을 바라보았지
언니는 너무 멀리 갔어
나는 그때 나이가 너무 어려서
어디까지가 먼 곳인지
알 수가 없어 슬펐던 것 같아
아무 데도 가지 않아
어떻게 외로워져야 하는지 몰랐어

플라멩코

상자 안에 아무것도 넣지 않았어요 비밀이 조금 생겼을 뿐이지만 그것은 의심하지 않는다면 비밀이 아닐 수도 있어요 아가, 난 널 떠날 거란다 슬픔을 알아볼 사이도 없이 다 자랐어요 노란 리본이 자라는 옷은 벗어버릴 거예요 머리를 빗는 동안 이 시끄러운 침묵의 최면에서 곧 깨일 테죠

괜찮아요 엄마
이젠 엄마의 붉은 드레스가 내게 잘 맞아요

발이 땅에 닿지 않은 시간을 빼면 일곱 시간을 들키지 않을 수도 있어요

나는 마리오네트인가 봐요
팔과 다리가 허공처럼 가벼워지고 가벼운 허공이 자꾸 생겨나요

내일은 오지 않을 테죠
이윽고 누군가 내 치마 속으로 칼을 물고 들어와 형편없는 숨을 쉬어요

이해한다는 것

어떻게 뜻밖의 너를 찾아가냐구요
내가 기르던 행성에서 연필심처럼 사라져 버린
오렌지나무를 해답으로 칠게요

■ 해 설

환상과 실존의 매혹적인 응시, 그 참혹한 암흑지점에 대하여

박성현(시인)

　환상은 '볼 수 있음'과 '볼 수 없음'의 극단적 이중성을 모순과 대칭이 차원에서 유예하고 포괄한다. 여기서 '모순'과 '대칭'이라 함은 보이지 않으면서도 볼 수 있고, 볼 수 있음으로 하여 보이지 않는 우리 삶의 역설 곧 감각적 세계와 이성적 사유의 접힘과 반전을 언어로써 추상하는 일이다. 환상이란 가시적인 것들과 공존하는 '비-가시적인 어떤 것'에 대한 명징한 징후로써, 이 '징후'들이 언어를 통해 일정한 형상을 갖게 되는 과정 전체를 아우른다. 또한 그 역도 성립하는데, 가시적인 것들을 비가시의 영역으로 몰아내고 반대로 우리가 경험하지 못한 '가시성'의 재해석도 도모한다. 이런 의미에서 시 자체가 이미 환상에 대한 직접적 표징이라 해도 무방하지 않을까. 시는 언어의 '암흑지점'(보조비치)에서 우리의 응시를 되돌려주는 신의 입술이다.

최지하 시인은 환상이 매개하고 언어가 창출하는 이러한 사태를 '개안'이라는 단어로 압축한다. 개안, 곧 '눈뜸'이라는 단어의 함의처럼, 그는 일상의 모든 가시성을 되돌리고, 바로 그 자리에서 '비-가시적인 어떤 것'을 이끌어낸다. 이때 시인의 시선에는, 무척 자연스럽게 스며드는, 오히려 그렇기 때문에 명확해 보이는 순수 환상의 '공포'와 '낯섦'만 있을 뿐이다. 보이지 않았던 것들이 우리의 시야에 갑자기 들어올 때의, 그 견디기 어려운 날카로운 이미지들 말이다. 가령 낮술에 취해 난간을 붙잡고 구토를 하는데, 뱃속에 엉키어 있던 토사물 대신 '이글거리는 기호'나 '많은 나비들'이 쏟아져 나오는 것이다(「개안」). '기호'는 말할 것도 없고, '나비'가 떼 지어 날아오를 때의 그 불편함과 이물감들은 시인과 대상에 직접적으로 작용하여, 그 관계를 이전과는 전혀 다르게 배출한다.

그러므로 시인의 '환상-에-의 개안'(혹은 '눈뜸')은 시인과 대상이 놓인 모든 좌표를 가역시키며, 주체의 시선에 고정된 가시성/비가시성의 구조를 역전시킨다. 그러한 까닭에 우리는 환상을 언어-이미지의 감각적이고 물질적인 '실존'으로 읽어낼 수 있는 것. 시인에게 환상은 "유통기한을 넘긴 통조림같이 / 딱딱해져 다시는 시가 될 수 없는 언어들이 / 몸안에서 욱욱 거렸다"(「개안」)는 자기-반성과 자기-촉발을 가속하는 힘이다. "하루 어디쯤을 접었다 펴면 뒷면이 없어질까 / 갇혀 있어서 안이 되어버린 / 밤은 모르지 / 어둠도 뒤편이 있다는 거"(「장미해제구역」)라는 문장에서 나타나듯, 시인은 '개안'을 통해 '어둠의 뒤편'을 감각하며, 그것에 충만한 실존을 부여한다.

육화(肉化)된 실존

특이하게도 최지하 시인이 다루는 환상은 그것이 육화(肉化)된 실존이라 해도 무방할 정도로 뚜렷한 질감과 밀도와 무게를 지니고 있다. 이 물질적 이미지 혹은 의식의 현시라 명명할 수 있는 시인의 환상은 현실-속-에 숨겨진 또 하나의 대상-실존이자 그 삶을 영속시키는 특수한 방법 가운데 하나이며 그렇기 때문에, 그가 환상을 자신의 시학(詩學)으로, 작시법의 기반으로 정립하는 당위는 충분하다. 물론 시인에게 환상은 현실과의 대칭을 통해 이뤄지는 것으로 시간과 장소의 '비약'과 '단절', '재배치'와 '다시 쓰기'가 즉각적으로 요청된다. "어떻게 뜻밖의 너를 찾아가냐구요 / 내가 기르던 행성에서 연필심처럼 사라져 버린 / 오렌지나무를 해답으로 칠게요"(「이해한다는 것」)라는 문장에서 명확히 나타나는 것처럼, 환상은 '질문'과 '답'을 가르는 선(禪)적인 분별 혹은 가지-치기다.

기계-장치

 환상을 다루는 시인의 손놀림은 능숙하다. 그는 환상이 발현되는 시점을 정확히 알고 있으며, 육체에 스며들어 대상에 대한 인상과 감각을 조절하고, 때로는 이성의 빛마저 굴절시키는 인과와 방법도 알고 있다. 무엇보다 그는 환상을 직관과 연동된 언어적 매개이자 징후들의 순간적인 나타남으로 간주하는데, 그것은 감각 너머의 미지 혹은 인과를 끊어내는 빗장(혹은 울타리)이 아니라, 일상을 이끌어내고 새롭게 재배치하며 좀 더 멀리 갈 수 있도록 원심력을 조율하는 기계-장치와 같다.

 이러한 이유로, 시에 내재된 모든 서사도, 환상의 집요한 악력(握力)을 비껴가지 않는다. 오히려 이 끈적거림을 더욱 밀고 나가 시인만의 세계로 확정하고 그곳에 우리를 가둬버리기까지 한다. 첫사랑 이후 후각을 잃어버린 한 여자의 관능적인 상상이나("향기가 어때요? / 첫사랑 이후 후각을 잃은 그녀는 / 차를 마시는 시간이면 그렇게 묻는다 / 레몬 향을 상상하세요 / 나는 또 그렇게 말하지만 / 사실은 / 정확한 대답인지는 알 수가 없다", 「현상」), 검은 안개에 휩싸인, 그래서 서로가 서로를 알아볼 수 없는 '잭슨 빌'의 기묘한 장소-이야기("그곳에 도착했을 때 안개가 깊었지 / 검은 안개를 안고 걸었기 때문에 / 우리는 서로를 알아볼 수 없었지 / 새벽이 대리석처럼 깔려 있는 / 마지막 교차로까지 / 어두운 것이 차라리 다행이라고 생각했지", 「잭슨 빌」), 혹은 까뮈의 서사를 더욱 잔인하고 치열하게 다시 쓰는 그 실존적 비극의 재구성("여자를 죽인 난폭한 꿈에서 / 딱 한 번 눈이 마주쳤지만 / 그러나 들켰던 증거는 없다 // 개와 함께 의자에 남은 오후와 / 정해진 시간마다 서로를 빠져나가는 여행자만 있을 뿐 // 세상이 온통 두 시라면 / 당신은 올까?", 「뫼르소의 시간」) 등이 그것이다.

　그러한 만큼, 시인에게 환상을 이끌어내는 것은 현실과의 실새적인 접속이자 내면에 얽히고설킨 미로들을 일정한 계열과 인과로 풀어내는 일과 동일하다. 「봄에 쓴 일기」를 보면 그가 섬뜩하게 바라보는 환상이 현실과의 또 다른 접속이며, 자신의 삶을 풀어내는 계열과 인과라는 것을 알 수 있다. 시는 어릴 적, 홍매화 가지를 꺾으려 손을 뻗었을 때, 갑자기 공중에서 피가 나기 시작했다는 환상으로 시작한다. 그가 본 이미지들이 현실 속에서는 불가능하다는 단호한 믿음에도 불구하고, 그는 결국 "언니의 가슴이 출렁거렸어 / 언니의 손바닥이 붉어지고 있었어"라는 또 다른 환상으로 이어진다. 환상이 현실-기억에 닿고, 그것을 매개하는 것이다. "이전과 이후 사이로 봄을 옮기는 언니는 / 즐거운 나나처럼 / 꽃이 떨어진 자리마다 푸른 뱀을 걸어두었어"라는 문장에서 시인은 언니의 부재를 실존의 방식으로 풀어내기 시작한다. "나는 그때 나이가 너무 어려서 / 어디까지가 먼 곳인지 / 알 수가 없어 슬펐던 것 같아 / 아무 데도 가지 않아 / 어떻게 외로워져야 하는지 몰랐"던 것이지만, 환상의 순수한 형식 속에서만큼은 분명한 계열과 인과를 가진다.

두 번째로 우리는 환상을 산출하는 시인과 그것을 받아들이고 더 밀고 나가며 물질화된 언어-이미지들로 원고지를 가득 채우는 시인 자신과의 관계 설정에 주목해야 한다. 왜냐하면 환상과 그것의 시적 언어화는 또 다른 층위를 형성하기 때문이다.

오래된 여름이라는 말이 잘 떠오르지 않았다
창밖을 기웃거리는 동공이 자꾸만 덜컹거렸다

- 「오래된 여름」 전문

'오래된 여름'과 '창밖을 기웃거리는 동공'이 어딘지 모르게 친근하다. 둘 다 태양의 이미지와 대칭되기 때문이다. 시인의 주관-속-에서 여름은 잘 떠오르지 않을 만큼 오래된 '시간'이고, 그것의 형상은 창밖을 닮게 만드는 '동공'이다. 시간과 동공-이미지의 불협화음이 이 시를 떠받치는 중층 구조인데, 이러한 이유로 시인은 자신이 받아들이고 내면화한 환상이, "그림자를 따라 걷는데 / 나는 자꾸만 틀립니다"(「빛의 기록」)라는 고백처럼 어딘지 모르게 '자꾸만 틀린다'고 생각한다.

하지만 생각이 기울어질수록 오답에 대한 집착은 더욱 맹렬해진다. "나는 마리오네트인가 봐요 / 팔과 다리가 허공처럼 가벼워지고 가벼운 허공이 자꾸 생겨나요"(「플라멩코」)라고 고백하는 시인에게, 어쩌면 환상은 자신의 무의식 속에 완강히 자리 잡은 자신의 시뮬라크르simulacre와 같은 것일지 모른다. 오답에의 집착은 오히려 자신을 '마리오네트'로부터 분리시키려는 '거리두기'의 실천이다. '자꾸만 틀린다'라는 서술어는 환상이 유의미한 거짓이라고 단정하는 것이 아니라, 틀림으로써 오히려 자기 자신을 무수히 분기시키고 이러한 과정에서 진실-말하기(파레시아parrhesia)로의 회귀 가능성이다. 자신이 감각했던 대상들에 파고들며 그것을 조금씩 균열시키고 어긋나게 하는 과정을 통해 부정을 자기-긍정으로 돌려세우는 것.

환상이라는 일종의 '그림자'를 따라 걷는 것은 곧, "조금씩 어두워지는 사물들에게 더 가까이" 가는 것이므로, 그러한 과정에서 시인은 "나에게서 달아난 감정"을 되찾게 되며, '당신을 앓았던' 무수한 시간들이 살과 뼈와 피를 가진 실존의 환상으로 다시 감각된다(「빛의 기록」). 때문에

"이별이 발생한 세상으로 빠져나가는 골목을 / 가급적 세상과 가설 사이에 붙여 쓰"(「골목의 발생」)는 일이란 다름 아닌 환상이 수반되는 통증과 상처를 고스란히 대상에게로 되돌리는 일이다. 비로소 환상을 통해 나는 대상과 대칭되고 온전히 접하게 된다.

비로소 보이는 암흑 속의 시선

환상의 시적 형상화는 시인의 생활이 비가시적인 어떤 것과 겹쳐지는 순간 시작된다. 매일 반복되고 끊임없이 재생산되는 확고하고 투명한 삶 속에서, 한 오라기 실 만큼의 미세한 균열과 어긋남이 조금씩 실존을 허구로 만들어 버릴 때 촉발된다는 것. 대상을 반사하는 거울―이미지의 '시뮬라크르'가 그 유사성을 끊어내고 일탈하는 과감하고 강렬한 경험이다. "불속에서 단단해진 내 손자국과 균열들이" 만들어내는 "극단의 결합"(「흙·소·리」)이거나 "거울아 거울아 / 이 세상에서 누가 가장 많이 너를 닮았니"(「거울에게 물어봐」)라는 질문에 내재된 주체의 상실 또는 붕괴와 같은 것이다.

따라서 환상은 가장 익숙한 것에서 갑자기 나타나고, 그러한 만큼 공포는 우리의 시선에 진하게 착즙된다. 다시 말하자. 우리가 환상을 경험하는 장소는 주체가 안전의 여부를 전혀 생각하지 않는 그 생활—속—이며 주체가 주체를 완전히 믿을 때 비로소 시작된다. 이른바 환상이란 "믿고 산다는 일이 부당해지기 시작"(「위험한 연속」)할 때 비로소 보이는 암흑 속의 시선이다.

> 기억은 애를 써서 수정해도 기형이다
>
> 나무에서는 죽은 사람의 별자리가 떨어졌다
>
> 울어야 할 순서가 바뀌었다
>
> 무덤을 본떠 만든 불면의 밤은 돌아눕기에도 눌편하다
>
> (중략)
>
> 인과 없는 문장은 어디에다 쓸까
>
> 다 써버린 사랑이 다시 올 거라는
>
> 착각이었던 셈이다
>
> ― 「환절기」 전문

시인이 환상의 바라봄을 통해 되돌려 받는 것은 바로 자신의 응시다. 그 응시는 '받아쓰기'처럼 교정될 수밖에 없는데, 애를 써서 수정해도 기억은 애초의 감각적 원형을

복원하지 못한다. '기억'은 이미 그 자체로 기형-이미지인 셈이다. 나무에서는 죽은 사람의 별자리가 떨어졌고, 울어야 할 순서가 바뀌었으며, 무덤을 본떠 만든 불면의 밤은 돌아눕기에도 불편한 것은 환상을 관통한 응시가 되돌려질 때의 반응에 해당한다.

만일 그렇다면 우리는 늘 현실과 현실의 균열 속에서 사는 것이 아닐까. 시인이 계속 돌려세우는 현실은 어쩌면 환상의 또 다른 환상일지 모른다. 그러므로 "인과 없는 문장"이란 우리를 세계로 여는 본래적 의미의 환상이고, 환상이 괄호를 쳐버린 욕망-"다 써버린 사랑이 다시 올 거라는 / 착각"과 같은 욕망의 은밀한 기호들이며, 이 과정을 통해 무수히 되돌아오는 주체의 시선이다.

거듭 말하지만, 시인이 만들어낸 환상은 반드시 '응시'의 되돌림이라는 사태를 수반한다. 환상 속의 그 무엇이, 혹은 언어의 암흑지점이 내가 보낸 시선을 그대로 돌려보낸다는 뜻인데, 이러한 응시의 되돌림은 주체가 '주체'를 발가벗겨진 날것 그대로 마주하는 상황을 만들어낸다. 그리고 그것은 그동안 은밀하게 행해졌던 나 자신도 모르는 '위악'(僞惡)까지 포함한다. 비유하자면 광목으로 단단하게 덮인 '일기장'이고, 손톱만 한 빛도 스며들지 못하는 암실에 갇힌 뭉텅이의 '흑백필름'이며 종이에 베인 손가락이 아주 느리게 밀어내는 '피'다. "입구부터 간격이 맞지 않는 기억에서만 살

앉던 때를 뽑아 웃는 일보다 지루하게 길을 찾는 것은 어렵지 않은 일이라고 단언하지 않기로 한 저녁에 // 얼굴이 텅 빈 너는 / 비의 반대 방향으로 걸어"(「또는 퍼블릭 마켓」) 갈 수밖에 없는, 전달될 수 없는 수취인 불명의 난감함.

   그 여름은 목차에도 없는 날들이었다 아이는 소용돌이치는 물의 가장 깊은 기억 속으로 미끄러져 내려가 여름을 끝내려고 했다 물은 고요하고 투명했다 감겨져가는 아이의 눈이 슬퍼서 가까이 가고 싶었다 자꾸만 신발이 벗겨져서 다가갈 수 없었다 그 아이와 나 사이의 여름은 사이렌 소리처럼 멀어서 깄다 몰래 따머은 포도에서 설은 햇살이 씹혀 여름은 더 이상 밤이 되지 못했다 새의 발자국들이 되풀이되어도 아이는 돌아오지 않아서 계절의 끝마다 여름이 남아 있었다 포도가 익지 않아서 아직도 여름이 푸르다

                    – 「이번이 마지막이야」 전문

  환상은 내가 또 다른 나를 만나는 것이 아니라, 드러나지 않았던 '나'의 모호함을 일으켜 세우는 일이다. '나'는 언제나 동일하지만, 다만 계속 보류되고 감춰졌기 때문이다. 혹은 섭씨 40도를 넘나드는 폭염과 같은 고밀도의, 대지의 모

든 것을 주무르고 녹여버리는 보이지 않는 '손' 때문이다.

예고되지 않은 폭염이다. "목차에도 없는 날들"이 계속되고 있다. 밤이 되어도 땀은 가시지 않는다. 밤의 열기 속에 방치된 아이는 자꾸만 환상에 빠진다. "소용돌이치는 물의 가장 깊은 기억 속으로 미끄러져 내려" 가는 것. 여름이 끝날 때까지 반복될 것이 분명한 이 지긋지긋한 익사-이미지들 때문인지, 아이의 눈은 날이 갈수록 야위고 슬퍼진다. 시인은 아이의 환상을 나누기 위해 다가서지만, "자꾸만 신발이 벗겨"진다. 시간이 지날수록 아이가 가라앉는 물은 고요하고 투명해진다. 밤을 몽유(夢遊)하는 아이의 닳고 닳은 신발처럼, 죽음으로 가는 구멍은 차츰 커져간다.

여름이다. 폭염이 대기를 내리누르는 힘은 저항할 수 없을 만큼 무겁다. 아이의 밤은 여전히 땀으로 절여 있다. 온실효과 때문인지 밤의 열기는 날이 갈수록 뜨거워진다. 아이의 밤이 땀으로 차오를수록 물의 가장 깊은 기억을 불러낸다. 물의 깊은 곳으로 가라앉는 꿈은, 눈을 뜨고 있어도 반복된다. 시인은 아이에게 반복되는 여름을 끝내고 싶었지만, "몰래 따먹은 포도에서 설은 햇살이 씹혀 여름은 더 이상 밤이 되지 못"할 뿐이어서 목차에도 없던 날들이 그렇게 흘러가는 것이다. 아이는 매일 물에 빠지는 그 지독한 환상은 계절의 끝마다 여름을 계속 불러낸다. 계절의 끝마다 남아 있는 여름을 되살린다. 아이는 쑥쑥 자랐지만, 여름은 여전히 새파랗고 뜨겁게 매달려 있다. 포도는 수십 년이 흘러도 익지 않았다. 마지막은 없다는 것이다.

아이에게 여름은 "지독한 허구에서 빠져나오고 싶었던 저녁"(「저녁의 목욕, 은밀한」)일지 모른다. "두꺼운 책 속에서 살고 있"는 사람처럼, "문장의 내부에서 매일 난청에 시달리"는 것일지도 모르겠다(「4월들」). 여하튼, 아이의 환상에서는 "반드시 / 도착해야 하는 곳이 있다는 사실과 / 그곳은 늘 멀리 있다는 사실과 / 아무 데도 가지 않았다는 사실이"(「고양이의 눈물」) 하나로 묶여지고 계열화되는 바, 이곳은 환상이 다른 환상으로 끝없이 겹쳐지고 분기되는 곳으로 "내일이 되어도 오지 않을지 모른다 / 대합실의 문이 열릴 때마다 / 언제나 오고 있는 사람과 / 언제나 오지 못하는 사람 사이가 / 흑백으로 읽히는 지점"(「아침의 단서」), 곧 언어의 암흑지대다.

환상의 외향성

시가 환상을 직관한다면, 반대로 환상은 '시'라는 육체를 통해 자신의 유의미한 실존을 얻어낸다. 특히 최지하 시인은 환상과 현실의 경계-없음을 설정하면서 내면의 고립이 아닌 세계의 무수한 타자들로 향하도록 그 '키'를 고정한다. 그가 "내가 아는 허공은 / 거미들의 욕망이 번식하는 곳 / 목에 화려한 그늘을 걸치고 / 장식을 장식하는 여인들 / 여자를 수집하기 위해 수시로 / 작성되는 남자들 / 입술 안에 세우는 이리의 신전"(「거미와 장미」)이라 쓸 때는 허공을, 거미들의 욕망과 번식으로, 여인들로, 이리의 신전 등 도발적인 이미지들로 향하도록 한다. "창에 비친 검은 구름이 / 새의 깃털일 수도 있"(「오답」)다는 선언은 이러한 환상의 외향성을 증언한다.

환상은 이 외향성을 통해, 내면의 세계, 혹은 기표들의 고립으로만 머물지 않고 끝없이 바깥으로 눈길을 돌린다. 환상은 시인이 타자와 접속하는 장소이고, 좌표이며 세계의 명확한 실체와 그 실체의 이면 곧 그림자와 같은 불확실성이 공존하는 3차원의 건축물이다. 환상이 기입하는 현실이 아무리 비논리적이고 모순으로 가득 차 있어도, 그것은 오히려 세계의 핍진성을 타진하는 방법으로 작동한다. 최지하 시인이 받아들이는 현실은 기표의 세계를 탈피하는 또 하나의 역동성을 가진다. 명퇴자에게 찾아오는 먹먹한 현실이나("그러니까 / 또 한 번 아침을 통과하고 있다 / 어제 본 그 아침을 // 내 의지는 저토록 단호한 현관문을 나서는 일 / 하지만 식탁에서 그곳까지만 // 옆모습만 보이는 오른쪽 방과 의자 사이에서 / 시간의 체형으로 스물다섯 시간을 / 거기서만", 「그림자놀이」), 죽은 자들처럼 현실에서 완전히 고립된 자의 은밀하고도 쓸쓸한 욕망―놀이에 대해서도 쓴다("동료들과 수수께끼 놀이하는 걸 좋아했다 오렌지 껍질 같아진 달 아래에서 내 방을 걸고 내기를 하기도 했으며 때로는 그녀와 한 통속이 되어 키득거리는 상상도 했다 나의 귀에까지 입김이 닿는 관능적인 그녀의 오늘 저녁 요리는 무얼까 그려보기도 하다가 / 오! 그녀를 사랑하느냐?",「고스트」).

비록 그 모든 것이 "모르는 사람에게 팔려나가는 꿈"이거나 "한 평의 어둠을 함께 쓰고 있는 열 마리의 새"일지라도 타자로 향하는 이 뜨겁고 은밀하며 단호한 시선들을 거둘 수는 없다(「낙관주의」). "돌아보는 버릇 때문에 / 모든 저녁을 다시 지나갔으므로 // 슬픔을 모두 차지한 저녁 / 마지막으로 세상의 가장 가벼운 쪽을 향해 / 목을 가누"(「메아리의 원형」)는 것은 당연한 일이 아닌가.

그러므로 환상은 멈추지 않으며 때로는 롤러코스터처럼 현실을 가속한다. 환상은 대상과 접히고 스며드는 작업을 통해 대상 속에 계속 공백을 만들며, 그 공백을 다른 언어―이미지들로 채우고 비우기를 반복한다. 자신을 참조하거나 자신으로 회귀하지 않는 이 환상의 외향성은 "당신의 가장 가까운 곳에 나는 매일 도착하지만 / 더는 잊지 않기 위해 몇 번이나 당신을 잊는"(「시간의 주소」) 모순 형용으로서의 불가사의한 접속들을 이끌어낸다.

이제 우리는 비린내마저 하얗다고 느껴지는 환상의 내륙에서 최지하 시인의 또 다른 시적 환상과 그 운용, 그리고 시인의 독특한 예술관을 확인하게 될 것이다.

    비린내는 하얗다
    칼의 지문에 가려서 알 수 없는 깊이

    날마다 도마 위에서 핏줄 붉히던 날것의 계절들은
    마침표가 없는 당신의 이야기가 되었다

    당신에겐 없다고 믿었던 울음이 쓰이던 날
    우리는 새 안경을 사고

    한 줄씩
    공들여 마친 당신의 그리움을
    우연히 도착한 비라고 가볍게 옮겨 적었다

    당신의 발자국에서 매일 커지는 발
    그곳에서 바다는 시작되었는데

    바다는
    먼 곳만 있었다

〈

당신의 손가락에서 규칙적으로 핀 꽃잎을

여섯 번째 불가능에 속한 순간을

가장 먼저 손에 닿는 식탁에 놓아주었다

당신을 넣고 닫아버린 문장엔 한 개의 부호도 없어

비린내와 향수를 분별해 읽을 수 없었다

그물에 걸려 퍼덕거리는 바람은

당신의 두 번째 배경

펼친 우산을 십 년 후의 각도로 돌려놓고

당신이 보는 것과 다른 것만 보았다

마침내

옆모습을 씻는

우리에겐 기적처럼 비린내가 났다

바다의 첫 문장을 손질하는

당신 손의 새벽처럼

　　　　　　　　　　　 －「손의 깊이」 전문

시인은 마침내, "마침표가 없는 당신의 이야기"를 시작한다. "날마다 도마 위에서 핏줄 붉히던 날것의 계절들"도, "칼의 지문에 가려서 알 수 없는 깊이"도 모두 당신의 이야기에 접속된 단도직입적이고 도발적인 서술들이다.

"비린내는 하얗다"고, 시인은 쓴다. 무슨 이유일까. 비린내는 왜 묵시적으로 흰색인 걸까. 그것은 '바다'라는 시원에서 흘러나오므로, 모든 감각 가운데 가장 원초적이고 먼 기억이므로 시인은 그 심연을 백지의 바탕, 곧 '흰색'으로 직관한 것이다. 그리고 칼이 비스듬히 살을 지나갈 때의 서늘한 기운에 대해서도 시인은 '알 수 없는 깊이'로 묘사한다. 때문에 이 시의 첫 문장은 온전히 비린내로 기울어진 비가시성에 대한 가시적 '바라봄'의 형용이다. 이로써 우리는 시인이 만들어낸 감각적 에포케epoche에 좀 더 명징하게 기울어질 수 있다.

칼이 살을 비스듬히 지나간다. 지나갈 때마다 '살'은 반듯한 크기와 모양으로 잘려나간다. 불과 몇 분 전까지 하나의 목숨과 육체를 지탱하던 근육이었는데, 지금은 도마 위에서 암전 된 듯 고요하다. 시인은 칼을 잡은 당신을 물끄러미 보다가, 문득 당신에게는 울음이 없다는 것을 발견한다. 왜냐하면 '당신'은 언제나 사물을 '사물로서만' 바라보기 때문이다. 그것이 속한 시간과 장소, 그것이 집중하는 개별성과 유일성에 대해서는 전혀 고려하지 않는다. 우연히 시작된 비처럼, 사물은 자신의 생(生)에 대한 고유

성과 내적 필연성을 잃어버린 채 당신의 손에 붙들려 있을 뿐이다. '울음'이라는 감정이입은 당신에게 속하지 않은 문장, 사정이 그러하니 비린내를 만지는 당신에게 바다는 아주 먼 곳으로 밀려나 있다.

시인은 횟집을 지나다가 주인의 숙련된 손놀림을 목격한다. 비늘을 벗겨내고 한 치의 오차도 없이 일정한 속도로 뼈와 살을 분별하는 '손'은 유려하다. 당신은 손가락을 움직여 몇 가지 장식을 만들어낸다. 칼이 닿는 곳은 모두 먹기 좋은 미문(美文)으로 바뀐다. 당신의 이야기에 마침표가 없는 이유는 끊고 맺음이 없기 때문이 아니라, 이런 숙련이 지나치게 화려하기 때문이다. "당신을 넣고 닫아버린 문장엔 한 개의 부호도 없어 / 비린내와 향수를 분별해 읽을 수 없"을 정도로 뭉뚱그려져 있다. 비린내는 하얗다. 그러나 향수로 덧칠된 비린내는 순백의 문장을 불러올 수 없지 않은가. "그물에 걸려 퍼덕거리는 바람" 또한 당신의 두 번째 배경이 될 정도로 특별하지만, 시인은 이미 '비린내'라는 원시적 감각을 되찾는다. "당신이 보는 것과 다른 것만 보"게 된다는 것.

이러한 이율배반 속에서 이 시는 시인의 자기-서사적 고백으로 바뀐다. 바로 여기서 '당신'은 '나'로 바뀌면서 이미지들에 수반되는 태(態)를 변환시킨다. 애초에 이 시가 시인 자신의 작시법을 암시하는 것이었으므로, '비린내'라는 날것들의 숭고함을 되찾을 때 "옆모습을 씻는 / 우리에 겐 기적처럼 비린내가" 나기 시작하며, "바다의 첫 문장을 손질하는 / 당신 손의 새벽"은 비로소 온전한 '나'로 기울어진다. "목이 길어져서야 터널을 빠져나온 시간의 한가운데 / 가로수들이 수직을 펼친 채 서 있는데 / 이제 알겠다 / 기다린다는 기다리고 있었다는 지난밤의 / 직립의 자세"(「네 시의 발문」)와 같은 최초의 감각들 말이다.

안개 혹은 울음—덩어리

최지하 시인에게 현실은 환상처럼 단호하다. 고립과 불면이 한꺼번에 닥쳐온, 쓸쓸하고 냉혹한 겨울이다. 그가 그 현실을 핍진하게 그리면 그릴수록, 현실은 사실과 점점 더 멀어지며 무수한 환영으로 덧칠되는데, 그럴 수밖에 없는 것이, 현실은 도무지 일어날 것 같지 않은 일들이 순식간에 일어나는 곳이기 때문이다. 과거 잔혹 동화가 역사를 우회적으로 비판하고 내려쳤던 것처럼 시인의 환상도 현실과의 끈을 놓지 않고 전혀 예기치 않는 방식으로 우리를 사로잡는다.

"모두 한 번은 스쳤을 그녀를 모른다고 했다 / 모르는 사람이 된 그녀로부터 / 모두가 돌아올 것만 같았다 /

여름보다 많은 길이 한 곳으로만 향해 있다는 것이 / 매일 이상했다"(「너무 많은 휴일」)는 문장이 암시하듯, 시인이 직관하는 환상은 실존에 경험했던 고통과 상흔의 반영이다. "기차역을 맴돌다 죽은 새의 눈에 바다가 섞여 있다 // 밤을 어떻게 보내야 할지 몰라서 캄캄한 슬리퍼를 벗어 던지고 계단을 두 개씩 지워버렸다 // 새가 깨어나길 기다리며 날개에 물을 준다"(「슬픔의 위치」)는 문장이나, "출렁이는 슬픔에는 축이 없지 // 내 목을 풀지 않는 팔베개 / 입술에서는 자꾸 피가 나는 걸 / 노을에 발이 걸린 엄마가 고래고래 소리를 지르고 있어 / 나를 버린 게 분명한데 / 엄마가 위중해 / 외투를 가져다술까 // 축축해, 나는 말라붙은 지 오래됐는데 / 나는 자꾸만 들키고 싶은 거야 / 문고리를 잡고 참회해야겠어 // 그렇다면 누군가 내 문을 먼저 열기 전에 / 건너편에 닿을 때까지"(「발이 붉은 새」)라는 문장이 잔혹 동화를 넘어서 시적인 충분한 울림과 명료한 이미지를 갖는 이유가 여기에 있다.

슬픔은 대부분 후생성이다 불가능의 저편에서 태어나는 모의 같은 그것들 맨 처음이었을지 모를 입맞춤을 무사히 치르고 온 다음 날 유리창에 피었던 춘천처럼 나를 인력하던 지루한 말들이 종이비행기를 접던 새벽 두 시 마냥 엉금엉금 지나갔다

〈

　춘천에 대하여 침묵하거나 안개처럼 두껍게 발설해도 좋았다 표정을 내다 버릴 때도 춘천을 이용하라고 일러주고 싶었지만 바라보는 쪽으로 짧아져 가는 처음으로 돌아가는 시작의 지점을 기억해 내는 사실도 어쩌면 그런 일

　보살핌 없이 자랐던 이불 속의 발같이 뚜렷한 사실을 맞닥뜨려야 할 때도 춘천의 안개보다 먼저 태어난 후생이 따라와 있었다 너무 늦게 찾아온 어떤 일의 뒤에서부터 먼 주소를 향해 슬픈 비행을 시작하려는 물방울이거나 눈물의 이름이 춘천으로 불리는 동안 투명하지 않은 것을 향하여 전부를 걸어버린

　이 불투명한 저녁처럼

　　　　　　　　　　　ー「춘천처럼」 전문

　춘천이다. 안개가 두껍게 내려앉은 날에는 가까이 앉은 침묵마저도 불안하다. 한가롭게 산책하는 사람도 멀리 줄을 던져 낚시를 하거나 강변을 바라보는 연인들도 없다. "불가능의 저편에서 태어나는 모의 같은 그것들"처럼, 안개는 자르기만 할 뿐 사물과 사물의 끈을 다시 잇지는 않

는다. 안개는 무겁고 조용하지만 귀를 잘라낼 정도의 악력(握力)이 있다. 기억의 어느 장소에서, 시인은 첫 키스를 떠올린다. 그러나 그것은 "지루한 말들의 종이비행기"와 같이 힘없이 바닥으로 내려앉았다.

춘천이다. 안개는 저만치 물러나 있지만, 언제든 다시 올 듯하다. 까닭 없는 슬픔이, 안개가 머물던 장소마다 짙게 깔려 있다. 안개에는 사람들을 끌어당기는 묘한 힘이 있는데, 두 손으로 휘휘 저으면 너무 쉽게 흩어지지만, 끈끈한 아교처럼 사물에 엉긴다. 슬픔은 철저하게 먼저 오나. 시인은 눈물을 닫으면서 슬픔의 일어섬을 그렇게 정의한다. 그는 표정을 내다 버리는 사람을 본다. 정확히는 안개가 표정을 잘라낸 것이다. 그는 춘천을 이용하라고 일러주고 싶었지만 이미 춘천은 안개의 성지다. 모든 사물이 홀로 잘려나간 열매들처럼 우두둑 떨어졌다.

다시 춘천이다. 안개 속에서 바깥을 바라봤지만, 도무지 그 '바깥'의 역사와 감정을 읽을 수 없다. "보살핌 없이 자랐던 이불 속의 발같이 뚜렷한 사실을 맞닥뜨려야 할 때도" 먼저 와서 기다리는 '슬픔'에게 자리를 양보해야 한다. 그것은 "슬픈 비행을 시작하려는 물방울"이며, '춘천'이라는 '눈물의 이름'이다. 춘천에 도착하자 어느새 안개가 내려와 무겁게 내리누르지만, 안개는 밀려온 것이 아니라 시인의 내면에서 쏟아진 것. 안개는 시인에게 고여 있던 거대한 울음-덩어리다.

*

　최지하 시인의 환상-시는 무척 매혹적이다. 그는 자신의 실존을 지우고 그 속에 무수한 인물들 혹은 사물들을 배치하는, 다시 말해 '배우-되기'의 삶을 시 쓰기를 통해 실현한다. 물론 이러한 가면-이미지가 시인의 삶을 잠시 멈추게 하고 자신이 짊어져야 할 무게를 내려놓게 하는 효과가 있지만, 시인의 배우-되기는 대부분 비극으로 끝나버린다.
　그런 면에서 시인의 환상은 자기-창출인 동시에 자기-파괴적 성격을 지니는 바, 이러한 모호하고 미묘한 흐름이 오히려 작품의 내적 긴장을 최대치로 끌어올린다. "살인의 배역이 주어지길 바랐던 주인공은 극이 끝날 때까지 자신은 죽지 않아야 하는 구성이 맘에 들지 않았을 거야 주인공이 되고 싶은 게 아니라 안전하게 사라지고 싶었던 거야"(「침대만 있는 방」)라는 문장의 주체는 시인이자 극중 살인자-배우이며, 최지하 본인이겠지만, 세 인물 중 어느 쪽으로 기울고 있지 않아 문장은 주체를 삼켜버린다. 익명이 되어버린다는 말이다. 시인의 환상은 문장에서 나와 문장으로 다시 되돌아가며, 여기서 주체는 사라진다. 이것이 시인이 숨겨놓은 작시법의 마지막 비밀이다. (*)